Codependencia, Rompiendo Los Patrones

Guía para la recuperación de la codependiencia, sanar tu alma del abuso narcisista, las relaciones tóxicas y los sociópatas. Mejora las habilidades de comunicación, la confianza y más.

Eva Spencer

Contenido

1

Codependencia, El Oponente

Para asegurar la felicidad de otra persona, una persona codependiente tomará medidas considerables, incluso a expensas de su propia salud y bienestar. Muchas personas están dispuestas a dejar de lado sus propias convicciones y conciencia para satisfacer las necesidades de la persona a la que están asistiendo. Cuando una persona habilita o incluso fomenta este comportamiento, solo es posible que este continúe. El compromiso y la preocupación que tiene una persona codependiente por la felicidad de los habilitados se manifiestan en sus acciones y actitudes hacia ellos. La codependencia se define como una relación en la que uno o ambos miembros de la pareja sufren o han sufrido anteriormente abuso de sustancias, enfermedad mental o trauma familiar. Desarrollar una relación codependiente como un medio para hacer frente a las presiones de la propia vida, es una respuesta adquirida a las experiencias traumáticas vividas en el pasado. Si te encuentras inhibiendo alguno de estos comportamientos o experimentando estos sentimientos, especialmente si puedes determinar que has tenido situaciones traumáticas en la vida, es muy posible que estés involucrado en una relación codependiente.

¿Qué es la Codependencia?

La *codependencia* se refiere a una adicción a otra persona en lugar de una sustancia como el alcohol o las drogas. Debido al abuso de sustancias y la adicción, incluso las conexiones interpersonales más íntimas pueden volverse tensas o romperse. Debido a que es difícil para alguien que sufre una adicción mantener relaciones sanas y positivas, la codependencia y la adicción se observan con frecuencia en conjunto.

Aquellos que han crecido en un hogar codependiente, tienen más probabilidades que otros de ser codependientes debido a su crianza y experiencias en el hogar. El término "codependencia" se utilizó por primera vez en el contexto de familias en las que uno o más miembros luchaban contra el alcoholismo o la adicción a las drogas, respectivamente.

Como resultado, la palabra ha llegado a describir la dinámica de una familia en la que uno o más miembros luchan contra el alcoholismo o la adicción a las drogas. Numerosos sistemas familiares disfuncionales pueden resultar en el desarrollo de relaciones codependientes, y en muchos sistemas familiares disfuncionales, esas relaciones codependientes se mantienen.

Las personas que luchan contra la adicción o la enfermedad mental, tienen más probabilidades de caer en varios roles de codependencia, lo que podría ser beneficioso en algunas situaciones. Otros se convertirán en cuidadores, estos ayudarán al adicto con su adicción. Si una persona experimenta suficiente disfrute y satisfacción como resultado de "tener que" cuidar a su pareja, la codependencia también puede convertirse en adicción para esta persona.

Debido a que todos alimentan el ciclo de existencia de los demás, puede ser difícil determinar qué condición surgió primero. Las personas que tienen una mejor conciencia de las razones subyacentes de la adicción y la codependencia, son más capaces de reconocer cuándo es el momento de buscar tratamiento para sus problemas.

El uso del comportamiento manipulador para obtener el sentido de autoestima, cuando el sentido de autoestima está relacionado con el afecto y la aceptación de otra persona, se puede definir de la siguiente manera:

No es raro que el término "manipulación" se refiera a un truco de prestidigitación, a pesar de lo horrible que suena, cuando en realidad significa la acción de manipular algo de manera hábil.

Para muchas personas, el concepto de codependencia es difícil de comprender. Algunas personas pueden interpretarlo como un estado de "apego" o "necesidad", pero la codependencia es una tendencia mental y conductual potencialmente dañina que puede transmitirse de generación en generación.

En algunos círculos, se ha utilizado el término "dependencia de la relación" o "adicción a la relación" para describir este fenómeno.

Cuando alguien se encuentra por primera vez en una relación de codependencia, puede ser una condición increíblemente difícil de romper. La capacidad de la otra persona en la relación para cambiar su comportamiento y establecer una relación sana, es alcanzable si se le proporcionan los recursos y la dirección adecuados.

El primer paso para comenzar la recuperación es determinar dónde salieron mal las cosas en primer lugar.

¿Estás en una Relación Codependiente?

Es posible que ni siquiera te des cuenta de que estás en una relación codependiente. Aquí hay algunas condiciones, comportamientos o creencias que te ayudarán a determinar si eres codependiente:

Tus intereses son pocos o inexistentes. Fuera de tu relación; no tienes aficiones ni ideas propias. Si los tienes, no los persigues activamente. En cambio, una parte importante de tu satisfacción y autoestima se obtiene de tu participación en la relación.

La expresión o contemplación de los propios deseos y aspiraciones, a veces puede dar lugar a sentimientos de culpa, sobre todo cuando se hace en público. Es posible que aquellos que los tienen, tengan sentimientos reprimidos o difíciles de comprender.

A pesar de la crueldad y la violencia del "otro" abusivo, la mayoría de las personas que están en una relación abusiva, optarán por permanecer en ella. Cuando alguien está constantemente preocupado por el bienestar de otra persona, pero no puede hacer nada para que esa persona se sienta "mejor" o "bien", o para crear el ambiente perfecto para la felicidad de esa persona, sin importar las acciones que se tomen, se dice que "camina sobre cáscaras de huevo".

¿Cómo Puede Dañarte?

La codependencia afecta tu capacidad para formar y mantener relaciones interpersonales saludables de diversas formas. Las personas deben reconocer que necesitan liberarse de las tendencias codependientes para apoyar completamente sus propios deseos, aspiraciones y salud física y mental.

Los codependientes se denominan “reaccionarios” en la literatura. Esto se debe a que se desarrollará un patrón de respuesta o reacción a las dificultades de los demás, así como a sus propias dificultades. Debido a la naturaleza estresante del alcoholismo y otros comportamientos adictivos, estas reacciones se emplean como métodos de afrontamiento para lidiar con situaciones frecuentemente impredecibles.

El estrés es algo con lo que todas las personas tenemos que lidiar a diario, y es un aspecto inevitable de nuestras vidas. Todos tenemos diferentes preferencias sobre cómo respondemos y actuamos en situaciones específicas.

Cuando se trata de lidiar con las dificultades de la vida, muchas personas no saben por dónde empezar el proceso. Mantener la compostura frente a la adversidad puede tener un gran impacto positivo en su salud y bienestar general.

Sin embargo, la etiqueta de codependencia no es un diagnóstico médico, aunque puede provocar enfermedades e interferir con su desarrollo. La codependencia puede agotar a una persona y puede afectar la forma en que interactúa con los demás.

Algunas de las personas cercanas a ti pueden enfermarse como resultado de tus acciones, lo que les dificulta asumir la responsabilidad de su propia salud.

Si tienes codependencia, es posible que hayas llegado a creer que tus reacciones son normales y que esta es la única forma en que las cosas podrían ser. Es natural que una persona se sienta más segura a medida que se familiariza más y más con un escenario. Sin embargo, el deseo de ser requerido y la necesidad de ser requerido son dos emociones diferentes. Tan pronto como te separas de la persona con la que has formado un vínculo emocional, comienzas a sentirte físicamente incómodo.

El sentido de identidad de una persona comienza a disolverse en el instante en que ya no es parte de la vida del adicto/abusador y como resultado, se siente abandonada.

El viaje es duro y agotador, pero confía en el proceso. Los resultados valen cada paso. Estar libre de la mentalidad codependiente es inmensamente liberador en formas que ni siquiera puedes imaginar al principio.

2

Cómo Detectar un Ciclo Codependiente

¿Cuál es su Causa?

En ciertos casos, la codependencia es una condición enseñada que se ha transmitido de generación en generación.

En el proceso de aprendizaje por observación, los niños aprenden a depender cada vez más de sus cuidadores a medida que crecen. Si un niño tiene un fuerte vínculo emocional con el padre codependiente, es absolutamente fundamental que no vea a sus padres en una relación codependiente entre sí.

Mientras están de buen humor, aprovechan la oportunidad para aprender de sus parejas y otras personas. Anteponer las necesidades de los demás a las propias es algo que sucede todo el tiempo.

Aquellos que fueron criados por padres codependientes son más propensos que otros a recrear la disfunción en sus propias vidas, a menudo sin siquiera darse cuenta, debido a su falta de experiencia en la vida.

Los niños que han experimentado ausencia, negligencia o apatía de los padres son más propensos que otros niños a desarrollar codependencia como resultado. Los niños son particularmente susceptibles debido al hecho de que dependen de sus padres o tutores para su supervivencia.

Si estos requisitos previos no se cumplen, crecerán creyendo que no son dignos de amor o que las personas que se preocupan por ellos no son dignas de confianza. Si sus padres son adictos al alcohol o a las drogas, pasan mucho tiempo fuera de casa o abusan de otros miembros de la familia, las necesidades de sus hijos pueden verse desatendidas.

Cuando un niño ha sido maltratado o descuidado, no es raro que desarrolle una dependencia emocional de sus cuidadores para el bienestar de sus familias.

Tres Etapas de la Codependencia

Existen tres etapas de codependencia que podemos distinguir. Estas son las siguientes:

Etapa Temprana

Los codependientes se vuelven cada vez más dependientes de una sola persona, lo que es perjudicial para su salud y bienestar general. Pasan por alto o justifican cuando alguien más se involucra en un comportamiento indeseable. En aras de complacer a los demás, pueden dejar su propia vida social e intereses en un segundo plano, lo que puede hacer que se sientan cada vez más solos.

Ser impulsado por el deseo de obtener la aprobación de otras personas, así como el deseo de ver felices a su familia y amigos, son necesidades humanas inherentes, pero existe una distinción entre estos impulsos naturales y la necesidad de complacer a todos en todo momento. Los complacientes con frecuencia asumen que no tienen más remedio que hacer felices a otras personas para ser felices ellos mismos. Aunque entienden que complacer a los demás es intrínsecamente contradictorio con sus propios objetivos y requisitos, les resulta difícil decir “no”.

Las relaciones codependientes se caracterizan por una baja autoestima por parte de ambos miembros de la pareja. Solo cuando una persona disfruta de la aprobación de la otra, o cuando una persona está al servicio de la otra, cualquiera de las dos puede tener un sentimiento de propósito. Por ejemplo, una persona codependiente puede experimentar una baja autoestima ya que debe depender de su pareja para satisfacer sus necesidades financieras. En otros casos, necesitan buscar la aprobación de su pareja.

O bien, el comportamiento dominante de la persona dependiente puede estar motivado por una profunda preocupación de que la otra persona los abandone.

Etapa Intermedia

La ansiedad, la culpa y un sentido de responsabilidad personal por tus acciones aumentan en proporción directa a la intensidad de las acciones. Los codependientes tienen dificultades para mantener su autoestima porque pueden pasar una gran cantidad de tiempo en la relación y obtener poco a cambio.

Como resultado, pueden surgir la ira, la impaciencia y la amargura. Es posible que un adicto a las drogas esté tratando de alterar a su pareja regañándola, culpándola o manipulándola de otra manera en un intento de influir en su comportamiento.

Si crees que tu ser querido está actuando de manera deshonesta, debes informar a sus amigos y familiares. El alcoholismo y el abuso de sustancias, así como la mala alimentación y el sedentarismo, están todos relacionados con los comportamientos de juego y compras excesivos. La conducta servil y dependiente de los codependientes se vuelve cada vez más frecuente como resultado de todo esto.

Es común que aquellos que están involucrados en ambos lados de una relación codependiente tengan dificultad para reconocer, respetar y hacer cumplir sus propios límites individuales. Los límites son beneficiosos siempre que cada persona respete los sentimientos y la independencia de la otra persona.

Aceptar que no eres responsable de la felicidad de otra persona también es un elemento importante del proceso. Una dificultad que surge con frecuencia en las relaciones codependientes es que uno de los miembros de la pareja no reconoce ni hace cumplir los límites, mientras que el otro tampoco reconoce ni hace cumplir los límites.

Sin embargo, mientras la otra persona tiene el control de la situación y la manipula para controlarla, ambas partes permanecen pasivas y pasivamente sumisas. Una de las más importantes y difíciles habilidades que las familias adquieren cuando buscan ayuda es establecer y mantener límites.

Etapa Tardía

Dada la naturaleza de estos temas, cada persona involucrada puede tener un impacto sustancial en la dinámica de una relación. Es inevitable que se encuentre con dificultades si no pueden comunicarse de manera efectiva o respetar los límites. Los cuidadores a menudo se encuentran bajo una enorme presión para asegurarse de que todo se haga correctamente, mientras que las personas de las que son responsables a menudo se preocupan de que sus responsables los abandonen.

Aunque ambos tienen miedo de estar solos, ninguno de los dos está contento. Aunque es poco probable que haya muchos desacuerdos, es probable que ambas personas involucradas estén preocupadas por la situación en la que se encuentran.

Las personas que sufren de codependencia pueden enfrentar angustia física y mental como resultado de su adicción a otra persona. Problemas de salud como problemas para dormir, ciática, dolores de cabeza y molestias musculares pueden surgir como resultado de este estrés crónico. Cuando hay un problema de drogas presente, la adicción se vuelve más severa.

Como resultado, se reducen tanto su autoestima como su capacidad para cuidar de sus propias necesidades. Si vives en este ambiente, estás envuelto en una atmósfera de miedo, haciéndote sentir impotente, abatido e incluso furioso.

Esto irá poniéndose mucho, mucho peor en los próximos meses. Si eres codependiente, tienes una necesidad inmediata de ayudar a alguien que sufre.

Debido a estos problemas emocionales y de conducta, su salud física comienza a deteriorarse. Las dolencias relacionadas con el estrés pueden manifestarse en forma de síntomas como problemas digestivos y del sueño, dolores de cabeza, tensión o malestar muscular, trastornos de la alimentación, ATM, alergias y ciática, entre otros.

Se ha observado un aumento en la prevalencia del TOC y otras adicciones, así como una disminución en el sentido de autoestima y cuidado personal del individuo con el tiempo. Es inevitable que los sentimientos de desesperación, rabia, tristeza y melancolía se profundicen con el tiempo.

3

Los Signos y Señales

Algunos problemas no se pueden resolver mediante el uso de técnicas de ayuda o de protección. Mejorar la conducta abusiva de alguien y convertirlo en el amante o miembro de la familia ideal no ayudará. Tampoco les ayudará a superar su adicción. La mayoría de las personas requieren atención de salud mental antes de poder dejar de abusar de otros. Las personas adictas a las drogas o al alcohol también pueden necesitar tratamiento.

Varios comportamientos que muchas personas asocian con la codependencia incluyen, entre otros:

- Tener atracciones por alcohólicos, drogadictos o personas con otras dependencias similares, así como atracción por personas que siempre están emocionalmente indisponibles, entre otras cosas.
- Tener la impresión de que para que su vida valga la pena, deben estar en una relación con alguien, sea quien sea.

- Tener la necesidad de influir en el comportamiento de los demás, en particular de los seres queridos.
- Creer que se es incapaz de detener una relación aun sabiendo que es perjudicial, o sentirse infeliz tratando de complacer a los demás y nunca tomarse el tiempo para sí mismo, o incluso olvidarse de que es necesario cuidarse a uno mismo.

Puedes encontrarte con estas situaciones de forma regular y algunos pueden encontrar que es un tema recurrente y doloroso en sus vidas. La recuperación puede ser un medio muy curativo y satisfactorio de liberarse de viejos patrones de pensamiento y acción.

10 Signos de Codependencia en una Persona

Baja Autoestima

Tener baja autoestima se caracteriza por la creencia de que no eres lo suficientemente bueno o te comparas demasiado con los demás. La baja autoestima suele ir acompañada de sentimientos de culpa y perfeccionismo. Porque no es perfecto, solo parece o luce perfecto.

"Otro-estima" es un término que utilizan los expertos para describir el comportamiento codependiente. A diferencia de la autoestima, la estima de los demás es una indicación de codependencia en la que uno puede determinar su valor en función de la conducta, las opiniones o las relaciones de los demás, o al hacer comparaciones directas con ellos.

Complacer a la Gente

Querer complacer a alguien que te importa es comprensible, pero los codependientes a menudo creen que no tienen más remedio que complacerlos. Estás ansioso cuando te dicen "no".

Se necesitan dos cosas para que la codependencia sea parte de cualquier relación: primero, el complaciente debe decir "sí" con mucha más frecuencia que "no", y segundo, la otra persona no solo debe aceptar esto sino también esperarlo en la relación que avanza. Una vez que se ha establecido esa dinámica, es extremadamente difícil romper el patrón.

Límites Pobres

Es difícil distinguir entre codependientes y no dependientes. Algunas personas creen que son responsables de los sentimientos y problemas de los demás, mientras que otras creen que son responsables de sus propios sentimientos y problemas. Los límites de algunos codependientes son bastante rígidos. A las personas les resulta difícil acercarse a ellos, ya que están cerrados y retraídos.

Construir límites saludables nos permite expresar nuestros pensamientos y sentimientos de una manera que no sea ofensiva para los demás. Cuando estableces límites claros, estás mejor equipado para comunicarte con los demás cuando actúan de una manera que te hace sentir incómodo.

Desarrollar límites saludables y superar la codependencia no es algo que se pueda lograr de manera simple y, a menudo, requiere la asistencia y el apoyo de un consejero o terapeuta para comenzar a aprender a tener relaciones saludables.

Reactividad

Debido a los límites insuficientes, eres reactivo a los pensamientos y sentimientos de todos los que te rodean. Cuando alguien te dice algo con lo que no estás de acuerdo, tienes dos opciones: confiar en él o ponerte a la defensiva. En ausencia de límites, sabrías que su punto de vista no representa el tuyo y no te sentirías amenazado por los conflictos con los demás.

Cuidar

Aunque es natural sentir empatía por otra persona, los codependientes comienzan a priorizar el bienestar de otras personas sobre el suyo propio. En realidad, es posible que necesites ayuda y que te sientas rechazado si otra persona se niega a aceptar tu ayuda.

En general, el cuidado se asocia con la codependencia porque tiene sus raíces en la inseguridad y la necesidad del codependiente de crear control sobre su propia vida. El cuidado debe ser un acto de bondad y amor por parte del cuidador.

Control

El impulso de (ejercer) controlar a las personas cercanas a ti puede surgir del hecho de que, a menudo, los codependientes requieren que otras personas se comporten de una manera específica para sentirse bien.

El control es uno de los signos clave de la codependencia, ya sea el control sobre uno mismo o el control sobre los demás. Se confunde con el concepto de poder. Debido a que los codependientes carecen de un sentido de autoridad personal en su vida, recurren a manipular y controlar a los demás para obtener lo que quieren. En lugar de centrarse en su propio placer, lo que les daría poder, los codependientes ponen su atención en factores externos como la felicidad de los demás.

Si te encuentras ejerciendo poder sobre los demás e intentando dominar la relación a través de la manipulación, es posible que seas codependiente y necesites abordar y cambiar este comportamiento.

Problemas con la Comunicación

Comunicar sus pensamientos, sentimientos y necesidades puede ser difícil para quienes son codependientes. Debido a tu preocupación por molestar a la otra persona, tienes miedo de decir la verdad.

Esto significa que otra área en la que los codependientes enfrentan dificultades es la comunicación. No pueden decir "no" sin sentirse mal, y se resienten cuando acceden a hacer cosas que preferirían no hacer en primer lugar. Esto se debe a su aversión a tomar posición a toda costa, que se deriva del miedo a ser rechazados. Son como políticos astutos que no quieren decir nada que pueda ofender o irritar a otra persona.

Obsesiones

Las personas que sufren de codependencia tienden a pasar su tiempo preocupándose por otras personas o interacciones interpersonales. Debido a su dependencia, así como a sus ansiedades y temores, se deprimen y se vuelven ansiosos.

La mayoría de los codependientes están obsesionados con las personas que aman y les importan, incluso cuando los problemas de esas personas no son los suyos. En otros casos, pueden obsesionarse y preocuparse por la conducta de un adicto, sin reconocer que se han vuelto tan fascinados con él o ella como lo está el alcohólico con una bebida.

Cuando una persona está obsesionada con algo, puede usarlo para alimentar intentos compulsivos de ejercer control sobre otros, como perseguir a alguien, leer los diarios, correos electrónicos o mensajes de texto de otra persona, diluir botellas de vino, esconder llaves o buscar narcóticos.

Nada de esto es beneficioso; más bien, simplemente exacerba la agitación y la lucha. Cuanto más te obsesionas con otra persona, más te preocupas por ti mismo. Cuando te preguntan cómo estás, puedes cambiar rápidamente la conversación y hablar de la persona de la que estás locamente enamorado.

Negación

Los codependientes son incapaces de reconocer sus propias emociones y demandas. A veces no reconocen sus propias emociones y, en cambio, se preocupan por las de otras personas.

Es difícil para los codependientes reconocer sus propios sentimientos y emociones. Lo que la gente siente genuinamente se minimiza, se distorsiona o se niega por completo. Las personas con esta perspectiva se consideran completamente desinteresadas y comprometidas con el bienestar de los demás.

Sienten que su satisfacción y placer dependen de las acciones y reacciones de otras personas, negando sus propias necesidades físicas, mentales y emocionales a favor de las de su pareja.

Problemas con la Intimidad

Una persona codependiente es alguien que se pierde en la compañía de los demás. La intimidad saludable se define como una relación en la que dos personas pueden ser completamente honestas entre sí y son libres de ser ellas mismas. Debido a su incapacidad para establecer límites saludables, la persona codependiente teme ser criticada, rechazada o abandonada y, como resultado, se vuelve cerrada, retraída e incapaz de ser ella misma. Confundirán sexo con intimidad en su relación. También les preocupa que la intimidad pueda hacer que se sientan abrumados o que pierdan su libertad.

Pueden estar preocupados por ser criticados, rechazados o abandonados debido a su vergüenza y límites deficientes. Es posible que les preocupe ser asfixiados y perder su individualidad dentro de una relación.

Carecen de respeto por sí mismos y consideración por la persona con la que están involucrados. Nunca hay ningún sentido de que su pareja esté en pie de igualdad con ellos. Siempre hay una persona en la posición arriba o abajo en un momento dado. Sin embargo, a pesar del hecho de que los codependientes anhelan las conexiones personales para aliviar su soledad, están demasiado preocupados por cuidar a los demás como para prestar atención a lo que sucede dentro de ellos, lo que dificulta lograr una reciprocidad saludable y una intimidad.

4

Conoce Tu Tipo

Cuando la relación comienza a desmoronarse, el codependiente habilitador hará sacrificios para satisfacer las demandas emocionales de la otra persona a fin de mantener la conexión. En este punto, él o ella comienza a perder la noción de quiénes son. El eslogan de un habilitador típico es: "Haré todo lo posible para ayudarte" o "Me ocupo de todo en nuestra relación por ti. No es mi culpa que estemos experimentando dificultades".

Estas relaciones desequilibradas pueden durar un largo período de tiempo, pero en última instancia son insostenibles debido al agotamiento de los recursos emocionales, financieros y físicos del habilitador, así como al resentimiento y la tensión resultantes en la relación para ambas partes.

La barrera más común que enfrentan las personas cuando buscan tratamiento para la codependencia es la falta de autoconciencia; simplemente no reconocen su propia contribución a los problemas de la relación. En algún nivel, los codependientes son conscientes de que su relación es disfuncional, pero están convencidos de que la culpa es de la otra persona o que el problema es consecuencia del entorno actual. Como resultado, están constantemente quejándose e intentando remediar los problemas de la otra persona.

Para aquellos que son codependientes, el concepto de codependencia proporciona un marco valioso para evaluar qué tan saludables son sus interacciones en sus relaciones con los demás. El primer paso y el más crucial para los codependientes es tomar conciencia de sus características y comportamientos. Una vez que se da cuenta de su situación, tiene la oportunidad de hacer cambios. La codependencia es un comportamiento aprendido y, como tal, tiene el potencial de ser desaprendido. La codependencia, por otro lado, puede ser el resultado de dificultades subyacentes o tipos de personalidad.

Los Cinco Tipos de Codependientes

1. Codependiente Pasivo

Un codependiente pasivo evita los conflictos y descarga la furia y la amargura subyacentes al responder con empatía extrema y compasión excesiva. Una persona con esta respuesta siente que es víctima de la injusticia del amor, de la inequidad, del desprecio, del abandono y del descuido. Tales víctimas sacrificiales no escapan de su ira abrasadora que hierve a fuego lento bajo la superficie. Es posible que pienses que hacer un cambio por tí mismo, tendrá consecuencias graves, algo que puedes haber aprendido de tu experiencia con el trauma del apego.

2. Codependiente Activo

Una persona que es activamente codependiente intenta controlar y manipular a una persona para obtener su amor, respeto y preocupación. Asumen engañosamente que su competitividad y contra agresión están justificadas. Utilizan un método agresivo y de confrontación para protegerse y lograr lo que necesitan. Rara vez tienen éxito con sus métodos de control y manipulación. Si crees que eres este tipo de codependiente, ten en cuenta que este comportamiento generalmente puede llevar al narcisista patológico a responder con un comportamiento rencoroso que, en última instancia, puede dañar aún más al codependiente.

3. Codependiente Cerebral

Esta etiqueta describe una conexión de dependencia intelectual. Para superar ciertos tipos de abuso, los codependientes cerebrales se atiborran de información y descripciones de las experiencias de los demás. Sienten que cuanto más conocimiento tengan, más podrán resolver el problema. Si siente que su comportamiento ilustra este tipo de codependencia, debe darse cuenta de que la separación del conocimiento de la relación codependiente no aliviará el trauma y el agotamiento causados ▯▯por su codependencia.

4. Codependiente Inconsciente

Los codependientes inconscientes viven en la creencia de que "la ignorancia es felicidad". Su deseo de no reconocer la ineficacia de su relación es un mecanismo de defensa para que se sientan cómodos y seguros. No sólo ignorarán o rechazarán sus obstáculos, sino que a menudo los minimizarán y racionalizarán. Si te encuentras exhibiendo este comportamiento, date cuenta de que al separarte deliberadamente de los orígenes subyacentes de tus problemas, o al fingir ceguera, los perpetuarás con la idea errónea de que lo que no se ve simplemente no existe.

5. Codependiente Anoréxico

La codependencia anoréxica es una condición que puede ser provocada por la codependencia de una persona con un trastorno de personalidad narcisista patológico. Una persona codependiente a menudo entra en anorexia codependiente una vez que ha tocado fondo y ya no puede soportar el dolor que le provoca su pareja. Como resultado, se niegan a sí mismos cantidades saludables de conexión emocional y sexual, como mecanismo de control. Además, una vez que la "dieta" no romántica se rompe, su voraz "hambre" volverá a la pareja.

A veces, la codependencia se desarrolla después de que otra persona activa ciertos rasgos de una persona.

La relación de codependencia es recíproca. Los habilitadores dependen el uno del otro para continuar la codependencia en su relación enfermiza. Ambos miembros de la relación son necesarios, ya sea que el problema sea la adicción, la mala salud mental o física y el mal funcionamiento, efectivamente proporciona a cada miembro de la relación lo que cree que necesita el uno del otro.

Como resultado de su apoyo regular, los habilitadores pueden minimizar las presiones externas sobre la persona habilitada para ayudar a esta última a madurar, mejorar sus habilidades para la vida y ganar más confianza. Aparte de eso, la persona capacitada puede tener pocas relaciones que sean tan cercanas como su relación con el habilitador, debido al desempeño por debajo del promedio de este último. Como resultado, se vuelven muy dependientes del habilitador para cumplir con los requisitos que normalmente serían proporcionados por una serie de relaciones cercanas.

La codependencia y la resistencia al cambio de comportamiento se deben a un alto grado de dependencia mutua y enfermiza tanto de la parte facilitadora como de la habilitada. En muchos casos, incluso cuando una relación es dolorosa o violenta, es extremadamente difícil para cualquiera de las partes romper su vínculo. Al mismo tiempo, no es raro que uno o ambos se sientan limitados en su relación.

Pedido de Ayuda

Antes de continuar, tengo una pregunta importante para ti. Si pudieras ayudar a alguien que nunca has conocido (y probablemente nunca lo harás), y no tuvieras que gastar un solo centavo, pero nunca serás recompensado por tu buena acción, ¿lo harías?

Si respondiste que sí, tengo la oportunidad de que hagas exactamente eso.

Hay alguien que necesita tu ayuda. Si bien es probable que nunca conozcas a esta persona, es igual que tú cuando leíste este libro por primera vez. Han reconocido que hay un patrón poco saludable en sus relaciones y están ansiosos por mejorar, pero no están seguros de qué pasos tomar para llegar allí.

Y puedes ayudarme a llegar a esta persona para brindarle la orientación que necesita para romper el ciclo y emprender el camino hacia la recuperación, al igual que tú. Nuevamente, no te costará ni un centavo, solo 60 segundos de tu tiempo.

Por favor, tómate un momento ahora mismo para dejar una reseña honesta de este libro. Tu revisión ayudará directamente a que este mensaje llegue a otros en tu lugar. Puedes ayudarme a guiar a otros por su propio camino hacia la curación y la recuperación. Podrías ser directamente responsable del avance de otra persona.

Todo lo que necesitas es un minuto de tu tiempo para dejar una reseña honesta de un libro. Y si ayudar a un extraño así, sin nada a cambio, te trae satisfacción, bueno, eres mi tipo de persona. Estoy muy contenta de que este libro te haya encontrado. Gracias desde el fondo de mi corazón.

5

El Camino hacia la Recuperación

La recuperación no tiene una definición universalmente aceptada. Para diferentes personas, la recuperación puede significar cosas diferentes.

Algunos definen la recuperación como el objetivo de estar completamente libre de síntomas. Otros pueden definir la recuperación como la capacidad de manejar su enfermedad para poder llevar una vida significativa. La recuperación a corto o largo plazo es posible.

Independientemente de cómo la definas, la buena noticia es que la recuperación no está descartada.

A veces puede parecer que el proceso es difícil y aterrador, en momentos en los que puedes sentir que estás en transición hacia una persona completamente diferente. Pero la recuperación no va a cambiar quién eres; en cambio, te traerá de vuelta. Podrás manejar tu codependencia lo suficientemente bien como para convertirte en una persona que puede funcionar teniendo en cuenta tus mejores intereses.

Cuando una persona deja una relación codependiente, la codependencia no desaparece simplemente de su vida. Recuperarse de la adicción es un proceso que requiere un mantenimiento continuo y no existe la abstinencia total de la interacción social. En terapia, después de varios años, las alteraciones en el pensamiento y el comportamiento se interiorizan cada vez más, y las herramientas y habilidades enseñadas se convierten en hábitos nuevos y saludables.

Cuando se enfrenta a un mayor estrés o cuando se encuentra con una relación o un entorno poco saludable, el comportamiento codependiente puede resurgir fácilmente, aunque parezca poco probable.

Debido a que no reconocen su propio papel en los problemas de la relación, las personas que sufren de codependencia tienen más dificultades para recibir terapia. Si bien los codependientes son muy conscientes de que su relación con otra persona no es saludable, creen que esto se debe a ellos mismos como habilitados o a algo que les ha sucedido. Están constantemente quejándose y tratando de remediar los problemas de la otra persona.

Para evaluar qué tan saludable es tu interacción con otras personas, primero debes considerar el concepto de codependencia. ¿Qué características reconoces en tu comportamiento? Ten en cuenta que puedes exhibir algunos o todos estos comportamientos; esto te ayudará a comprender cómo y qué debe cambiarse. Con la conciencia viene la oportunidad de crecer y volverte saludable y feliz.

Debes saber que si bien es cierto que la codependencia se puede aprender, también se puede desaprender.

Entiende que si tienes otros problemas más profundos o cualidades de personalidad en juego, tu codependencia puede ser el resultado.

Comenzar por aprender a establecer límites saludables es un componente esencial del proceso de recuperación del comportamiento codependiente. Para establecer y mantener límites personales, primero debes reconocer y respetar tus propios límites personales, lo cual es más fácil decirlo que hacerlo si tienes un patrón de por vida de no hacerlo. Para funcionar con eficacia, una persona debe ser consciente de sus propios límites. ¿En qué áreas de tu vida crees que se están cruzando tus límites?

El comportamiento puede ser bastante útil como herramienta de navegación en una variedad de situaciones.

Por ejemplo, si se violan tus límites, puedes experimentar furia o decepción. O bien, es posible que te des cuenta de que te inclinas a decir "sí" con demasiada frecuencia, o que se descubra el hecho de que buscas continuamente la aprobación de los demás. Conocer el propio comportamiento es siempre el primer paso para interrumpir los patrones de comportamiento inútiles; sin embargo, el paso subsiguiente de comunicar los sentimientos de uno no solo es difícil, sino que también es vital.

Las personas pueden cerrarse o incluso crear "muros" que actúan como barreras completas para las interacciones de otras personas si no comunican claramente sus expectativas y restricciones. También pueden atacar o señalar con el dedo a otros como resultado de sus experiencias. Uno de los componentes más desafiantes para superar la codependencia es aprender a comunicar expectativas y límites de manera clara y amorosa a la persona que necesita ayuda.

Otro enfoque consiste en abordar el problema fundamental en lugar de la conducta o los síntomas resultantes. Aprende a construir el sentimiento de valía y autoestima sin tener que depender de la aprobación o validación de los demás para lograr este objetivo.Otras sugerencias para que recuperes tu identidad y reconstruyas tu autoestima incluyen, en resumen, las siguientes:

Aprende a establecer límites emocionales, físicos y mentales con los demás, así como con las propias ideas y comportamientos. Es tremendamente liberador estar en este tipo de asociación, y sienta las bases para que sigan asociaciones más importantes y significativas.

Es importante ejercer el autocuidado. Haz actividades que disfrutes porque te hacen feliz y te hacen sentir bien contigo mismo.

Para recibir ayuda, ponte en contacto con alguien. Date cuenta de que estar abierto a recibir ayuda en lugar de ser vulnerable es una señal de fortaleza en lugar de debilidad.

Sin embargo, es crucial darse cuenta de que, si bien muchos aspectos de la codependencia se pueden tratar por uno mismo, siempre se recomienda la ayuda de un profesional de la salud mental. Debes buscar el consejo de un psicoterapeuta capacitado si tienes los recursos financieros para hacerlo.

Es fundamental aceptar y apreciar la propia persona. Date cuenta de que la única relación que es verdaderamente importante es la relación que tienes contigo mismo. Si te encuentras modificando tu comportamiento para recibir aprobación externa, debes reconocer este comportamiento y perdonarte a ti mismo, pero también aceptar y aprender a valorar tu verdadero ser honesto por lo que eres: una persona que merece aceptación y amor sin necesidad de cambiar o buscar la aprobación de los demás. La siguiente sección discutirá más sobre cómo puedes aprender esta habilidad y comportamiento cruciales.

6

Construyendo Tu Autoestima

Como hemos mencionado anteriormente, las personas que sufren de codependencia, frecuentemente sufren de baja autoestima y, a menudo, poseen y muestran tendencias perfeccionistas. Aprender a ser compasivo con uno mismo, suele ser un elemento crucial del proceso de rehabilitación. En terapia, una persona puede aprender a ser amable consigo misma y perdonarse a sí misma por sus propios errores. Es posible que su deseo de compensar en exceso disminuya con el tiempo.

Cuando una persona tiene un bajo sentido de autoestima, puede llevarle algún tiempo acostumbrarse a pensar más positivamente sobre sí misma. Un método para lograr esto es crear una lista de las diferentes características que uno aprecia de sí mismo.

Una persona madura dedica parte de su tiempo libre a sus hobbies y pasatiempos. El cuidado puede ser agotador a nivel emocional, mental y físico. Hacerse tiempo para el cuidado personal puede ser especialmente crucial para las personas codependientes, porque son personas demasiado generosas con su tiempo y sus recursos.

El autocuidado puede tomar una variedad de formas. El ejercicio y las comidas nutritivas son formas excelentes de cuidar el cuerpo. Pasar tiempo con amigos o participar de una actividad recreativa puede ayudar a mejorar el estado de ánimo. El autocuidado se puede definir como cualquier actividad que trae felicidad a uno mismo.

La falta de mantenimiento de cualquier vehículo puede resultar en una avería, al igual que ocurre con cualquier tipo de maquinaria. Es posible sufrir agotamiento y fatiga por compasión si uno no se cuida. Estas condiciones pueden mermar la capacidad de cuidar de cualquier persona, por no hablar de las personas que uno más conoce.

El hecho es que es factible cuidar de uno mismo y de los que están en su entorno. El autocuidado no implica automáticamente una falta de preocupación por los demás.

Para mejorar tu autoestima, debes enfrentar y superar los pensamientos negativos que tienes sobre ti mismo. Esto puede parecer una tarea insuperable, pero hay una variedad de enfoques que pueden usarse para ayudarte en este esfuerzo:

Trabajo

La confianza y la autoestima de una persona pueden aumentar si participa en actividades que le resulten agradables y en las que sea buena. Esto podría ser cualquier cosa, desde trabajo remunerado hasta voluntariado, cuidado de otros o incluso actividad recreativa.

El trabajo puede proporcionar un sentido de pertenencia, amistad, un horario predecible y una fuente de ingresos. Algunas personas prosperan en un entorno acelerado y disfrutan el desafío de alcanzar metas elevadas, mientras que otras consideran su empleo como un medio para un fin. En ciertas situaciones y carreras, el trabajo puede considerarse una forma de retribuir a la comunidad.

Independientemente de lo que una persona realice como vocación o trabajo, es fundamental que se sienta segura y animada en su carrera, así como que el equilibrio entre su trabajo y su vida personal sea el adecuado.

Aficiones

Esto podría ser cualquier cosa, desde aprender un idioma hasta tomar lecciones de canto o pintura. Muchas comunidades, por ejemplo, han formado grupos locales de ciclistas, excursionistas o caminantes para promover estilos de vida saludables. Posiblemente, aprender un nuevo idioma ha sido algo que has estado interesado en hacer durante un largo período de tiempo. Toma una clase o únete a una organización local para obtener más información sobre las opciones de una persona. También es posible que los grupos de apoyo locales para un tema específico, como la crianza de los hijos, el tratamiento de un problema de salud o el cuidado de un ser querido enfermo, puedan brindar la asistencia que uno requiere.

Sea lo que sea, considera situaciones en las que crees que tienes una habilidad o un interés natural, o una oportunidad para aprender o probar algo nuevo que siempre has querido hacer. Trata de elegir pasatiempos en los que sepas que puedes lograr o mostrar algo positivo con el objetivo final de una oportunidad para mejorar tu autoestima. Ten en cuenta que si tienes una tendencia a mostrar perfeccionismo, tu objetivo no es ser perfecto en tu nuevo pasatiempo, sino darte la oportunidad de crecer y aprender algo nuevo, no ser el mejor en eso, especialmente de inmediato. Internet, tu biblioteca local y las universidades locales ofrecerán información sobre grupos y clases que ofrecen pasatiempos que te gustaría aprender o participar.

Esfuérzate por cultivar relaciones positivas

Cuando te unas a un nuevo grupo o continúes la relación con otros, has un esfuerzo por asociarte con personas que no critiquen y con quienes te sientas cómodo hablando de tus sentimientos. Las personas que se rodean de personas positivas y serviciales tienen más probabilidades de tener una imagen favorable de sí mismas y de sentirse más seguras. Evita a las personas que muestren tendencias negativas y siempre estate atento a comportamientos que inadvertidamente provocarán en ti los comportamientos codependientes aprendidos que estás tratando de eliminar y cambiar.

Cuidar bien de la salud física

Cuidar bien de la salud física puede hacer que uno se sienta más feliz y más saludable, mejora la autoimagen y la confianza. Se recomienda la actividad física ya que se ha demostrado que aumenta la sensación de bienestar de las personas y su propia imagen. La actividad física libera endorfinas, que se conocen como hormonas de "sentirse bien" que pueden ayudar a mejorar el estado de ánimo, especialmente si se hace al aire libre.

Dormir

Los expertos coinciden en que el sueño es importante para la salud física y mental. La falta de sueño puede provocar reacciones negativas en el cuerpo y la mente, e incluso afectar tu confianza y autoestima. Es fundamental asegurarse de que uno obtenga un sueño adecuado y reparador. La consistencia es importante cuando se trata de tu horario de sueño. Mantén la misma hora de acostarte entre semana y los fines de semana para que tu ritmo circadiano también se mantenga bajo control.

- Establece una rutina para la hora de acostarte (ducha, pijama y cepillado de dientes)
- Es importante establecer una hora en la que "las luces se apaguen".
- Evita las siestas de la tarde si te resulta difícil conciliar el sueño por la noche.
- Establece reglas para la hora de acostarse para tus hijos e intenta que toda tu familia se duerma a la misma hora todas las noches.

Dieta

Comer a la hora de las comidas, así como beber mucha agua, comer muchas frutas y verduras y evitar los alimentos procesados, salados, azucarados y empapados de grasa te permitirá sentirte más saludable y feliz en general. Para mejorar tu bienestar general, también es beneficioso detener o reducir el consumo de alcohol y cafeína, así como abstenerte de usar tabaco y drogas recreativas.

Crea un desafío

Establecer y alcanzar metas te dará como resultado sentimientos de orgullo y satisfacción y también te ayudará a sentirte más positivo acerca de ti mismo.

Asegúrate de que el desafío que te propongas pueda lograrse en un tiempo razonable. No tiene que ser nada extravagante, pero debe tener algún significado. Algunos ejemplos incluyen escribir una carta al editor de tu periódico local sobre un tema o artículo que te apasiona, asistir a una clase de ejercicio regular o incluso revisar tu armario de ropa para eliminar los artículos que ya no usas y donarlos o tirarlos. Hagas lo que hagas, recuerda que el objetivo real y subyacente es darte la sensación de ganar al completar con éxito un desafío.

Aprende a reconocer y confrontar las creencias negativas

Si deseas mejorar tu autoestima, puede ser beneficioso tener una mejor comprensión de tus ideas negativas sobre ti mismo y las circunstancias que llevaron a estas creencias.Dado que este podría ser un proceso doloroso, es crucial que te tomes tu tiempo e incluso solicites el apoyo de un amigo o cónyuge para que te ayude. Si uno se encuentra en un estado de sufrimiento extremo, puede ser mejor buscar la ayuda profesional de un terapeuta que pueda guiarlo a través del proceso.

Practica la atención plena para ayudar a relajarte

Ser consciente (o prestar atención al momento presente) se puede lograr a través de diversas prácticas, como la meditación, la respiración y el yoga. Se ha demostrado que la atención plena ayuda a las personas a ser más conscientes de sus pensamientos y sentimientos, permitiéndoles regularlos de manera más efectiva en lugar de sentirse abrumados por ellos como resultado.

Tómate el tiempo para participar en una reflexión interna, ya sea a través de un diario o de la meditación. Esto te ayudará a descubrir quién eres y cuáles son tus valores y necesidades en esta vida. Herramientas como la meditación, la terapia cognitiva conductual y la autocompasión son buenos lugares para comenzar tu viaje hacia el bienestar.

Terapia

Es posible que un terapeuta ayude a una persona a reconocer las tendencias codependientes. Las personas pueden beneficiarse de la terapia porque les ayuda a identificar y aceptar sentimientos que antes negaban o reprimían. Un terapeuta también puede ayudarte a comprender por qué los hábitos codependientes evolucionaron en tus relaciones anteriores y cómo estos patrones han migrado a otras relaciones en el presente.

Un terapeuta también puede ayudar a las personas a mejorar sus interacciones interpersonales. Pueden instruir al individuo sobre cómo brindar apoyo a los demás sin apoyar los hábitos negativos. También pueden ayudar al individuo a desarrollar sus habilidades de asertividad.

Las personas que son codependientes también pueden beneficiarse al conectarse con sus pares en una terapia de grupo o en un entorno de grupo de apoyo. Según Co-Dependientes Anónimos (CoDA), el modelo de recuperación de 12 pasos desarrollado por Alcohólicos Anónimos fue la inspiración para la formación del grupo de apoyo. Al-Anon, un grupo de apoyo para familiares y amigos de personas que sufren de alcoholismo, también se enfoca en ayudar a los miembros a liberarse de sus ciclos de dependencia.

Descubre Cómo Decir No

Decir "no" es una de las cosas más difíciles de lograr para una persona codependiente. Su hábito de priorizar a los demás puede hacer que se olviden del hecho de que sus propias necesidades no están siendo satisfechas adecuadamente. Un problema es que al individuo le puede preocupar que un "no" termine arruinando la relación.

Establecer límites, por otro lado, puede ser beneficioso para una relación. La probabilidad de malentendidos disminuye cuando las personas comunican sus deseos e insatisfacciones en términos directos. Un "no" también puede ayudar a alguien a priorizar su tiempo y energía en las tareas que son realmente importantes para él. Con el tiempo, el individuo codependiente puede experimentar una mayor energía y un estado de ánimo más positivo. Estas modificaciones tienen el potencial de fortalecer la relación en general.

Los límites pueden cambiar dependiendo de las necesidades del individuo. Una nueva pareja puede decidir imponer un límite en la cantidad de veces que se envían mensajes de texto durante el transcurso del día. Dos personas que se están preparando para casarse pueden tener una discusión sobre cómo manejarán sus finanzas. Los límites simples comunicados claramente pueden ayudar a generar confianza y hacer que ambas partes se sientan más seguras.

Reconoce que una persona nunca podrá complacer a todos. Algunas personas son reacias a hacer concesiones. Para ser válida y efectiva, la frontera de uno no necesita ser aprobada por la otra parte.

Si una persona no está segura de cómo decirle que no a un ser querido, las siguientes sugerencias pueden ser útiles:

- No debe haber espacio para la duda. Decir "no" en voz alta suele ser más efectivo que insinuar que no quieres algo.
- Prepárate para repetirlo. En el caso de un ser querido que está acostumbrado a que la gente ceda, pueden ser necesarias unas cuantas veces de decir que no antes de que se den cuenta de que vas en serio.
- No inventes razones para no hacer algo. Mentir sobre compromisos inexistentes casi siempre tendrá consecuencias negativas a largo plazo.
- Considera la idea de pasar la posta. Trata de derivar a la persona a alguien que pueda brindarle una asistencia más adecuada.

Apoyar en comparación con cuidar

Es posible brindar asistencia a las personas en su vida sin sentir que uno tiene que salvarlos de sus circunstancias. Las personas necesitan ser animadas y escuchadas para recibir apoyo. El cuidado es el acto de resolver un problema antes de que el individuo tenga la oportunidad de hacerlo por sí mismo.

El proceso de reparar los propios errores proporciona una cierta cantidad de aprendizaje de vida. Si alguien interviene y arregla todo para otra persona, esa persona pierde la oportunidad de aprender métodos de afrontamiento y ganar confianza en sí misma. Es posible que necesiten esas habilidades para la vida en el futuro para abordar un desafío similar.

7

Relaciones Saludables y Felices

Las relaciones saludables se caracterizan por la honestidad, la confianza, el respeto y la comunicación abierta entre las personas, y requieren los esfuerzos y la voluntad de compromiso de ambos socios. No hay distribución desigual del poder. Los socios reconocen y respetan la independencia de cada uno, son libres de emitir sus propios juicios sin temor a represalias y colaboran en los procesos de toma de decisiones.

Es importante darse cuenta de que habrá altibajos en cada relación, y todos requerirán esfuerzo, dedicación y disposición para adaptarse y cambiar. Si bien hay pasos que se pueden tomar para construir una relación saludable, ya sea que esté comenzando o que hayan estado juntos durante años, hay pasos que se pueden tomar. No importa cuántas relaciones fallidas haya tenido alguien en el pasado o cuántas veces haya intentado y no haya podido reavivar su relación actual, hay formas de mantenerse conectado, encontrar satisfacción y experimentar una felicidad duradera.

Consejos Para Desarrollar una Relación Feliz y Saludable

1. Las relaciones saludables se caracterizan por la aceptación de las personas por lo que son en lugar de por lo que esperamos que sean.
2. Comunicarse unos con otros. No se puede exagerar que la comunicación clara es esencial para mantener relaciones saludables.

Esto significa permitirse unos a otros algo de tiempo personal. Escucha genuinamente lo que están diciendo y no intentes insertar lo que crees que deberían estar diciendo, cómo deberían decirlo o lo que crees que podrían estar diciendo. Has un esfuerzo por comprender otros puntos de vista.

Has preguntas sobre lo que se dice. Demuestra interés. Indaga sobre las experiencias, sentimientos, opiniones e intereses pasados, presentes y futuros de la otra persona. Sobre todo, comparte información. Según la investigación, compartir información puede ayudar en la formación de nuevas relaciones. Permite que las personas sepan quién eres, no quién crees que podrían querer que seas.
3. Acepta la responsabilidad por tus acciones. Estate dispuesto a cambiar de perspectiva. Es normal sentir aprensión por los cambios importantes en la vida. Las relaciones que son saludables permiten el cambio y el crecimiento.

4. No olvides cuidarte. Las relaciones saludables son mutuamente beneficiosas y permiten satisfacer las necesidades de ambas partes.
5. Demostrar confiabilidad. Si alguien está de acuerdo en algo con otro, el seguimiento es importante. Si aceptas la responsabilidad de algo o alguien, debes llevarlo hasta su finalización. Las relaciones sanas se basan en la confianza mutua.
6. Lucha en igualdad de condiciones. La mayoría de las relaciones se caracterizan por algún nivel de conflicto. Simplemente indica que uno y su pareja están en desacuerdo sobre un tema en particular; no implica necesariamente que no se agraden o que la relación esté a punto de terminar. Reconoce que algunos problemas son difíciles de resolver.

Permite que las cosas se calmen antes de hablar. Es mejor evitar el uso de las palabras "siempre" y "nunca" y tratar un tema a la vez.

Los valores, creencias, hábitos y personalidades de los individuos pueden no estar siempre sincronizados con los de los demás.

La comunicación efectiva puede contribuir en gran medida a comprender mejor a los demás y abordar las inquietudes, pero algunos problemas están profundamente arraigados y es posible que no se cambien fácilmente con el tiempo. Es fundamental determinar por ti mismo lo que aceptarás, así como decidir cuándo una relación ya no es saludable para ti.
7. Ten una actitud positiva. Los estudios muestran que las parejas felices tienen una proporción de aproximadamente cinco interacciones o sentimientos positivos por

cada interacción o sentimiento negativo. ¡Se debe expresar calidez y afecto!

8. Mantener un sentido de equilibrio en la propia vida. Otras personas contribuyen a la satisfacción de nuestras vidas, pero debes comprender que no pueden satisfacer todas tus necesidades. Encuentra algo que te interese y participa. Una relación saludable permite tiempo para actividades extracurriculares y tiempo para el "yo".

9. Las relaciones, un procedimiento metódico. Aunque parece que todos en la Tierra tienen confianza y están conectados, a la mayoría de las personas les preocupa encajar y llevarse bien con sus compañeros. Lleva tiempo conocer gente nueva y conocerlos a nivel personal. Las relaciones saludables se pueden aprender y practicar, y pueden seguir mejorando con el tiempo.

10. ¡Sé auténtico! En comparación con pretender ser algo o alguien más, es mucho más fácil y agradable ser auténtico. La autenticidad es la piedra angular de las relaciones sanas.

11. Asegúrate de comprometerte con tu pareja a pasar tiempo de calidad juntos. Guarda tus dispositivos electrónicos, deja de pensar en el mundo exterior y sus presiones, y dedica unos minutos cada día a concentrarte realmente en tu pareja y conectarte con ella, sin importar cuán ocupado estés.

12. Hagan algo que ambos disfruten hacer juntos, ya sea un pasatiempo compartido, una caminata diaria o simplemente sentarse y conversar con una taza de café o té o en una comida compartida por la mañana o al final del día.

13. Participar en nuevas actividades con un grupo puede ser una forma divertida de construir relaciones y mantener las cosas interesantes. Simplemente salir a un restaurante nuevo o hacer una excursión de un día a un lugar en el que nunca has estado antes puede ser extremadamente gratificante.

14. Mantente enfocado en divertirte. En las primeras etapas de una relación, las parejas suelen ser más amorosas y juguetonas entre sí. Pero cuando los desafíos de la vida se interponen en el camino o resurgen viejos resentimientos, es fácil perder de vista la importancia de una actitud lúdica. Pero mantener el sentido del humor puede ayudarte a superar los momentos difíciles, reducir el estrés y resolver los problemas más rápidamente.

Otras formas de divertirte son considerar formas creativas de sorprender a alguien, como llevarle flores a su casa o reservar una mesa en su restaurante favorito sin su conocimiento. Encuentra cosas divertidas para hacer juntos, como jugar con una mascota, tus hijos o tus nietos. Sobre todo, comprométanse con la vida e inclúyanse unos a otros.

Palabras Finales

La condición de codependencia es difícil de eliminar si no se reconoce, pero una vez que se hace, puedes recuperarte y descubrir una vida mejor y construir relaciones felices y saludables. El proceso de lograr el equilibrio adecuado entre ser independiente y ser codependiente lleva tiempo y requiere paciencia para lograr el éxito. Recuerda tomar nota de los pasos descritos anteriormente para superar la codependencia, pero no esperes ver resultados inmediatos de los esfuerzos de una persona.

Cuando los codependientes se preocupan por cosas y personas sobre las que no tienen control, es muy común que desperdicien demasiado de sus esfuerzos sin ver muchos resultados positivos, si es que los hay. Obtener una mejor comprensión de ti mismo, honrarte a ti mismo y expresarte libremente son componentes esenciales del proceso de recuperación codependiente. Para ser feliz, debes dejar de deferir a los demás o aceptar tu expectativa de que los harás felices a expensas de tus propios deseos, intereses o satisfacción emocional. En cambio, debes comenzar a hacer cosas que te hagan feliz y esperar que los demás acepten la responsabilidad de su propia felicidad.

Date cuenta de que es difícil, si no imposible, pasar mucho tiempo preocupándote por las emociones y comportamientos de otra persona mientras pasas por el proceso de desarrollar una relación contigo mismo. Reconoce que ninguno de nosotros es responsable de ninguna emoción que no sea la nuestra y que los comportamientos que realmente pueden afectarte son los que tú mismo realizas. Aunque amarte a ti mismo puede parecer autoindulgente, cuando lo haces, tienes un amor para dar a los demás que es a la vez terapéutico y edificante, para cualquier persona con la que entres en contacto.

Para establecer una relación saludable, equilibrada y amorosa, debes dar un paso a la vez y reconocer y celebrar todas las pequeñas victorias en el camino.

Date cuenta de que el amor y el poder no son incompatibles entre sí. Amar a alguien no implica que debas renunciar a tu propia identidad y, de hecho, hacerlo puede generar sentimientos de resentimiento más adelante.

En cambio, vive conscientemente, acepta la responsabilidad de ti mismo y de tus elecciones. Construye tu autoestima, comunicando tus necesidades y deseos. Recupera tu poder sobre ti mismo. Desarrolla un sentido de seguridad y respeto mutuo con los demás y permíteles expresarse honestamente, establecer límites y decir “no”.

La curación de la codependencia implica no solo reconocer lo que necesitas, sino también afirmar lo que deseas o necesitas. Los humanos no somos capaces de seguir actuando y sintiéndonos víctimas o mártires de manera continua.

La capacidad de comunicarse asertivamente, defenderse, establecer límites para protegerse de ser maltratado y cultivar relaciones en las que las personas dan y reciben por igual son habilidades importantes que debemos aprender.

Reconocer y aceptar tu propia identidad es un componente crítico para recuperarte de la codependencia. En muchos casos, los codependientes pasan tanto tiempo pensando y tratando de cuidar o apaciguar a otra persona que pierden de vista sus propios requisitos. Debido a esto, las personas deben tomarse el tiempo para descubrir intencionalmente quiénes son: qué les gusta, qué es importante para ellas, cuáles son sus aspiraciones y metas, etc.

Las personas que se están recuperando de la codependencia deben recordar ser amables consigo mismas a medida que avanzan en su recuperación. En general, los codependientes son muy críticos y duros consigo mismos. Esto es injustificado y contraproducente a largo plazo.

Debes tratarte a ti mismo con amabilidad, aceptación y apoyo, tal como tratarías a un querido amigo que se cruza en tu camino.

Reconoce que tu atención se desvía de la solución de tus propios problemas cuando intentas cambiar, aconsejar o dominar las actitudes de los demás. Esto es aún más cierto cuando hay una adicción involucrada. Pero si dejas de tratar de resolver los problemas de otra persona, no te estás rindiendo. En su lugar, considera que le estás dando a esa otra persona la oportunidad de cuidarse a sí misma.

Sé paciente con tus intentos de cambiar tu propio comportamiento codependiente. Reconocer la condición es como un árbol con muchas raíces. Necesitas recortar una raíz a la vez. Concéntrate en un comportamiento cada día. Solicitar la asistencia de un terapeuta o una persona calificada hará que el proceso sea más manejable y exitoso.

La recuperación es un viaje que puede estar lleno de altibajos a diario.

Hacer una pausa y pensar en ti mismo te da la oportunidad de evaluar dónde te encuentras en el proceso de recuperación. Es posible que te des cuenta de que necesitas experimentar con diferentes mecanismos de afrontamiento.

Será más fácil darte cuenta de que tú no tienes la culpa de tus dificultades si aprendes tanto como sea posible sobre tu condición mental y emocional. Si te sientes deprimido, es beneficioso crear y mantener una lista de tus logros para inspirarte, especialmente si has creado pequeños desafíos para ti mismo como se sugirió y pudiste lograr el éxito.

Si creaste y llevaste un diario como se sugiere en el capítulo cinco, puedes consultarlo cuando te sientas perdido y redescubrir o refinar tus pensamientos y planes.

Otro método efectivo para reconectarse con uno mismo es actuar como defensor de uno mismo y compartir tu historia con los demás. Para determinar la eficacia del "storytelling" como técnica terapéutica, se han realizado numerosos estudios durante la última década. Las experiencias compartidas, ya sea por escrito o verbalmente, son una parte importante del proceso de recuperación para quienes tienen dificultades.

Tener un fuerte sentido de pertenencia a una gran comunidad es una excelente manera de sentirse emocionalmente fuerte y resistente cuando se atraviesan circunstancias difíciles. Tomemos, por ejemplo, las actividades en las que a uno le gusta participar. Para ampliar su círculo social, uno debe considerar convertirse en miembro de una organización comunitaria que reúna a personas que comparten intereses similares a los suyos.

Una persona posee la capacidad de liberarse de la codependencia. Si bien la recuperación es un proceso, pensar en todos los cambios que uno desea hacer puede ser abrumador. La buena noticia es que la recuperación no tiene que ser todo o nada para ser efectiva.

No importa si solo haces unos pocos ajustes menores; cosecharás los beneficios de este cambio positivo. Las personas que se acercan a la recuperación de la codependencia con paciencia y consistencia ganarán gradualmente confianza una vez que puedan reconocer sus éxitos. Con práctica constante, apoyo y la adquisición de nuevas habilidades, puedes caminar con confianza por el camino de la recuperación.

Sobre todo, es necesario reequilibrar tu vida para recuperarte de la codependencia. En lugar de centrarte únicamente en lo que requieren los demás, debes considerar tus propios requisitos y colocarlos primero en tu lista de prioridades. Si bien esto no significa que nunca debas considerar o preocuparte por las necesidades de los demás, sí significa que debes considerar tus necesidades tan importantes como las de cualquier otra persona. De hecho, si no te cuidas a ti mismo, puedes agotarte, sentirte resentido e insatisfecho y, como resultado, ser incapaz de cuidar de nadie. De esta manera, comprende que cuidarte a ti mismo manteniéndote saludable y fuerte hará que tu capacidad para cuidar a los demás sea aún mejor.

Made in the USA
Middletown, DE
05 November 2026

36544879R10037